E O QUE EU FAÇO COM ISSO?

E O QUE EU FAÇO COM ISSO?

Gustavo Simas

Labrador

Coordenação editorial Pamela J. Oliveira
Assistência editorial Leticia Oliveira, Vanessa Nagayoshi
Direção de arte e capa Amanda Chagas
Projeto gráfico Vinicius Torquato
Diagramação Nalu Rosa
Preparação de texto Cris Negrão
Revisão Ligia Marinho

Dados Internacionais de Catalogação na Publicação (CIP)
Jéssica de Oliveira Molinari - CRB-8/9852

Simas, Gustavo

E o que eu faço com isso? / Gustavo Simas.
São Paulo : Labrador, 2025.
112 p.

978-65-5625-940-6

1. Poesia brasileira I. Título

25-3210 CDD B869.1

Índice para catálogo sistemático:
1. Poesia brasileira

Labrador
Diretor-geral Daniel Pinsky
Rua Dr. José Elias, 520, sala 1
Alto da Lapa | 05083-030 | São Paulo | SP
contato@editoralabrador.com.br | (11) 3641-7446
editoralabrador.com.br

Amigo, em cada rima de um meu verso,
Em todo o seu conjunto e na expressão
Que do real lhe dá sentido inverso,
Somente, hás de notar e com verdade,
Que existe em cada rima uma ilusão,
Santificando em pranto uma Saudade

(Trajano Margarida)

sumário

prefácio

a anatomia de uma interrogação

Fazer este livro foi descobrir (e provocar) muito mais perguntas do que dar respostas. O poeta é um intérprete, diz Augusto de Campos; um intérprete das realidades que se apresentam.

A pergunta que coloquei como título para esta coleção de poemas é para reverberar muito além da sua aparição no último texto deste livro. O que tento fazer aqui é insinuá-la nas frestas do nosso cotidiano, nas observações irônicas sobre a vida e nas introspecções que buscam dar nome ao que se sente.

Este livro é menos sobre tentar responder à pergunta do título e mais sobre interpretar e narrar — em poesia — crônicas de quem está diante dos fatos — sejam eles a memória de um amor, a estranheza dos encontros, a complexidade de um conceito ou a simples e avassaladora passagem do tempo. Com isso, a gente se vê compelido a perguntar: qual o próximo passo? O que fazer com o que se vive, com o que a vida nos joga, com o que se sente, o que se perde?

Surge, daí, esse mosaico de experiências que, aqui nesta obra, é predominantemente urbana e afetiva. Uma navegação por paisagens internas e externas.

A intenção é navegar por cenários reconhecíveis: a calçada, o bar, o escritório, o supermercado, o apartamento com ar-condicionado 9000 BTUs; cenários povoados por referências — como bem gosto de misturar — que vão de Sísifo a Hello Kitty.

Aqui tem desejo, ausência, incompreensão, memória e busca por conexão. Tem autoanálise irônica e melancólica; crítica sutil ao consumismo, à tecnologia e à superficialidade das interações. E, obcecado como sou por conhecimento, uma constante reflexão sobre a própria linguagem e seus limites (que são os limites do nosso mundo).

Tem uma vulnerabilidade que se expõe sem subterfúgios, mas também um humor resiliente que encontra na palavra a possibilidade de nomear o incômodo, a beleza ou o absurdo. Humor como meio de encarar o mundo, como instrumento de guerrilha.

Tudo o que se torna arte é ficcionalizado. O poeta é um intérprete das realidades que se apresentam, repito, sintetizando-as em novas outras realidades (ou novas ficções).

E o que eu faço com isso? é um livro de ficção. *E o que eu faço com isso?* não é um livro de respostas. É um inventário de interrogações, um exercício de nomear o que se apresenta.

No fim, acredito que a força, aqui, reside na capacidade de articular essa perplexidade fundamental, transformando a pergunta que poderia paralisar em matéria poética.

Com todas as cenas que contêm, sensações e reflexões, este livro é um convite a partilharmos da interrogação. E, talvez, encontrar no próprio ato de perguntar uma forma de existir em si mesmo.

lorem ipsum dolor sit amet

O risco existe
E não vai embora tão cedo
Existe porque existe a aposta
A última ficha cai
E, então, me despalhaço
Perfeição é a pior coisa que existe
Porque ela não permite evolução
Com isso daí o que eu faço?
Largo tudo e tomo uma cerveja, então
Pra variar
No bar que te pedi perdão?
Pensei por um instante
Que a despedida seria o último passo
Erro augusto, nero, crasso
Mas triunfante
Ou melhor: beligerante
Descobri a frase pra ocupar espaço
Que lorem ipsum dolor sit amet
Que a dor em si é importante

nakizumo

Emular um sorriso pra quê?
Quando insistir é morrer aos poucos
E, pros loucos, desistir: solução
No tribunal das dúvidas, sou réu
Mas a culpa é das estrelas
E elas foram condenadas a 50 anos de prisão
Em regime semiaberto
É certo
Que reler os traumas vem com sonoro tapa
E que sua carta é como o símbolo do
[Batman no céu
Um pedido de ajuda,
mas não espere que eu me debruce
nisso e renove a alma
Eu não tenho nenhuma capa
Nem sou bilionário
Nem sumo do nada
Talvez um órfão de afetos
Assumo
Num turvo cenário

Que muda pouco
Ou nunca muda
Ou muda nada
Incerto
Um pândita sem rumo
Morrendo aos poucos
Camarada
Numa partida de nakizumo

precisaria

3 milhões de vejos para eu perceber
que te desejo ter num copo com hortelã
e suco de goiaba
numa tarde toda ensolarada
ou nublada
não importa
desde que seja você
aqui
plantada no meu colo, em minha horta
atacando meus pulmões e minha aorta
e fazendo ulular os arrepios
no meu pescoço
ou na tua escápula
não importa
desde que seja você
sem hesito
ou cem de você
sem demora
aqui e
agora

conclusão

Se você se arrisca, eu me isco
Se você se arisca, eu me risco
Se você se risca, eu me arisco
Se você se isca, eu me arrisco

Se você se importa, eu me porto
Se se desimporta, eu me corto
Se você se porta, desimporto
Se você se corta, eu me importo

Se você complica, eu explico
Se você replica, eu implico
Se você explica, eu replico
Se você implica, eu complico

Se você separa, eu comparo
Se você se para, eu reparo
Se você compara, eu separo
Se você repara, eu me paro

torto arado em macau

Teclado, dedos dançando
Homem-Aranha, teias espalhadas
copo de café, aroma envolvente
creatina, força explosiva

Vira-lata caramelo, olhos tristes
algodão doce, doçura enganosa
beijo na esquina às 3h da manhã
batata-inglesa, sabor nostálgico

Pai perdido na estrada quando era criança
Não futuro limítrofe que se esgota na
[última garfada
melancolia do bonobo alerta
bombeiro apagando o fogo da menina que
[sofre de efeito Diderot

Paladinos dançando no túmulo de Olavo Bilac
besteiras ditas no meio da missa

O papa fazendo embaixadinha com o Pelé
Tapinha nas costas ao meio-dia
Pizza de carne moída, enxadrista no
[banheiro não cansa
Desvio, bar, fogos de artifício
Aumento de salário abaixo da inflação
Adesivo da Amazônia, gosto de metal na
[boca, de pé

Foto da fazenda iridescente
Deixar louça na pia por maldade
Desejo é querer mudar de estado
Brazilcore, mapa coroplético da desigualdade

Às 10 e meia pode-se parar por quinze
[minutos
O único que não nasceu no Havaí
Quando se viu, logo já deu
Asa de um rolieiro-europeu

Orçamento em Calibri
em fervereiro: frevo e Carnaval
depois a Páscoa, São João e Natal
viajar é a gosto
ficar é normal

Em Santo Antônio cantar samba-canção
Já tem *Torto Arado* em Macau
Decidir depois da possibilidade de decisão
atribuir a culpa ao destino
nada mau

tudo tem tu

*tu*do tem *tu*
e d*eus* tem *eu*
não falta *nada* na jor*nada*
nem *tutano* no que é n*osso*
nem parte de ti
no que me esboço
nem parte de mim
no que é teu

ainda há volta nessa vida
e *chance* em toda *sorte,*
pois tudo tem tu
em preto
        verde
                vermelho
                        laranja
                                    azul

eu ltda.

Vagas abertas para a profissão *eu*
requisitos: saber inglês, pacote Office
[completo
e encontrar o pão que o diabo perdeu,
que ele quer amassar, mas não vai
pois logo, logo sai o pão quentinho
[da padaria,
embora eu não saiba que horas ele volta
que horas e de qual fuso-horário
porque sou paciente e otário
ao acreditar que meu sonho está
na próxima padaria
e que, talvez, eu até pagaria
por esse aqui de 6 reais e 50 centavos,
crendo ser mais gostoso por ser mais caro
sem desfrutar do momento raro
que é parar e perceber
que, realmente, seu e-mail está cheio
de currículos de gente
querendo ser você.

mcsonho feliz

Você ainda está no meu menu de sonhos
Com o riso bravo desinteressado
Com a cabeça distante enquanto te faço
[carícias
Com o estômago roncando no fim de tarde
Na fome de ir além
Pede um grande e gorduroso medo
E acaba com ele em três bocadas
Admiro essa cena fascinante
Dessas que acontecem uma vez na vida e
[vão embora
Sem pressa e discretamente, sem evidenciar
[que acabou
Como o ânimo pra academia de manhã
[cedinho
Como o ônibus que perdemos na chuva
[de agosto
Como o sonho que estava no cardápio
[e esgotou

ahimè

Para isto eu quero um fim
E ai do que há em mim
Que enfim acabe o que em mim se abre
E ai do que há em mim
Que enfim termine e de mim se elimine
E ai do que há em mim
Pois que finalize e se desnaturalize
E ai do que há em mim
Que enfim se encerre e fora de mim se enterre
E ai do que há em mim
E que se desfuture e, enfim, me suture
Em mim aquilo que ai
Pois há o que ai em mim

extasiado

Eu gosto dela nos fins de semana
Eu gosto dela assim santa e profana
Eu gosto dela correndo solta
no parque, leve
sorrindo à toa
tomando sol
tomando caldo de cana

Eu gosto dela de segunda a sexta
Eu gosto dela tão humilde ou besta
Eu gosto dela correndo da chuva
comendo hambúrguer
comendo uva
com a cabeleira
morena, linda e crespa

Eu gosto dela até em feriado
Eu gosto dela assim do meu lado
Eu gosto dela tocando em mim
desde o começo

até o fim
e só por isso
eu fico extasiado

Eu gosto dela, enfim, todo dia
Eu gosto dela me dando bom dia
Eu gosto dela ambiciosa
cheia de rima
em verso e prosa,
mas quando some
deixa a casa vazia

por que inventei agora de ser heterotop?

Coexistimos até a crua despedida
Aprendendo a gestão da serendipidade como
[arte escondida
Pelos *Australopithecus afarensis* depois que
[jogaram o osso
Pros céus

Um mineiro convite transforma a amizade
[utilitária
Em virtuoso engajamento-dívida
Talvez não haja Cícero Moraes que reconstrua
A face da nossa falha autodirigida

É que a lógica komuta dia a dia
Por desdobramentos bragatiados
E o que era justo e óbvio parece errado
Como o tal fez turco e companhia

Pois só quem é mortal quer ser eterno
Lavar eternamente a louça da pia
Aposto que se sente um s'more às vezes
Queimando no Masterchef do inferno

Ai-me a dor do capital esvaído num
[ingresso pista
Curança que pulsa ao som de rock-pop
Por que inventei agora de ser heterotop
Só por ter esbarrado hoje num tilelê sulista?

acróstico de poesia II

Pai, homem, uma máscara (e ele vai dizer
[a verdade?)
o amor é carne e sangue, um mapa da vontade
e arte e moralidade
se sanções: destruir o que resta de felicidade
incutir valores, pão partilhado e saber
a arte é uma recriação seletiva da realidade

namaste at home dad

Meu sonho é viver num mundo
Em que haja
Ar
Sem mas
E que haja
Mar
Na alma

Meu sonho é viver num mundo
Em que haja
Carma
Em paz
E que haja mais
Em calma

Meu sonho é viver num mundo
Em que haja mais
Propagandas de livros
Do que de brejas
Embora eu não seja

O maior virgem do álcool
Viajo mais em 3 páginas
Do que em 3 copos
Talvez assim não haja
Tantos corpos
Em vidas
Sem lar

Meu sonho é viver num mundo
Em que possa
Amar
A mais
E que o amor seja o norte
E que amar demais seja a morte
Sem depender de acaso
Ou sorte
Onde cada um veja
Além do que esteja
Em sua própria visão

Meu sonho é viver num mundo
São
E sem precisar ser salvo
Pois ninguém será alvo
Do fim da razão

Meu sonho é viver num mundo
Em que haja
Ação
Sem pausa
E que cada um
Reaja
Em sua própria
Porção
E que o futuro seja
Escrito
Em prosa
E não
Lido
Na palma
De nossa mão
Pois assim a pena
Deve valer

Meu sonho é viver num mundo
Em que eu possa
Ver
Que o poder dar
É maior que o ter
Seja aonde for
Seja o que houver
Viver a sorrir até onde der
E que eu possa

Quem sabe
Quiçá se eu orar
Ou
Morrer de amor
Ou
Morrer de amar

vingança

Se na chegança tu me esnobas
Logo assim já de entrança
Faço isso ser cobrança
Crio uma nova crença
De que teu lugar de pertença
É algum outro, um que esgota
A vontade de renascença
Faz morrer toda medrança
De frase, cura, confiança
E não há nada que convença
Assim, tão fácil, virar de rota
É prevalência da derrota
O incêndio da querença
Faz pensar o que se pensa
Presença indigna de nota
Inundando o remanso
E surge o avanço, revolução imensa
Que nos cansa, cansam, canso
Com guilhotina de herança
Uma França do seu falhanço

álbum de figurinhas

Ela diz que cansou de ser figurinha repetida
no álbum dos outros
já sabem de cor o verso e o reverso
a falha minúscula na impressão
o jeito certo de guardar na página marcada

Ela queria ser um cromo raro
brilhante, recém-saído do pacote
sem o risco na quina
sem o peso do "eu te conheço desde sempre"
sem a expectativa do tropeço já mapeado

Com quem evitava, então, a coleção
transbordou faz tempo
previsível como tráfego rumo ao norte da ilha
sabida de cor, sem surpresa na esquina
não tem mais troca, não tem mais graça nova

O prédio que desenhou foi implodido
[outro dia

decisão técnica, inevitável, disseram no laudo
essa notícia a esgota
só sobrou o terreno baldio esperando
[outra planta
e essa poeira fina
que paira no ar
fazendo lembrar o que não volta

quer-se saúde, esperança e paz

Quer-se saúde, esperança e paz
Eu quero libido, influência e sorte
E me hospedar, folgado, no resort
Das encruzilhadas límbicas
Descalço correr, pés torrando, na areia fofa
[das dunas
Que separam o selvagem do civilizado
Ouvir o choque violento das águas com
[as pedras
Porque mar é revolta
Vasto de profundidade estranha ao humano
Corpo que vai e vem sob força da gravidade
Coisa que evapora, e a gente respira
O que sai daí se debate ou rasteja
E fica aquém das dunas
Até que as águas se elevem, invadam,
[tomem tudo
Dunas, desejos, resort
Mas não que o mar se importe

viver como cor errante

Cada idade nos dá um papel diferente
A árvore poderosa começa na semente
Tão grande quanto sua aspiração dominante
Hoje à noite e todas as noites ser a
[estrela cadente
E, um dia, assim, ter amor suficiente
Redes, virtudes súbitas que nos surgem
[aleatoriamente
Isso, talvez, seja já o que nos é bastante
Na sua arte de viver como cor errante
Enfrentando as colinas longínquas da mente

o maior poeta vivo

O maior poeta vivo um dia morrerá
E morto não será o maior de todos
Continuará sendo
O poeta
Que antes de morto
Era o maior
Dentre os vivos todos

citrus sinensis

Agrotech cuida dos laranjais
E não mais temos laranjas com sementes
A extinção da espécie
Cresce
A iminente inexistência das gerações futuras
Suturas na realidade não vão salvar
Talvez basta
No banco de esperma de homo deus realizar
Um saque
Não previsto no futuro ancestral de Krenak
Bluewashings culminam na última ética
Que a biomimética bufa a reinventar
No Dragon Dreaming
Os padrões socioecológicos deles
Resta celebrar
O consumerismo voga
O Net Zero planejado em post-its do Miro
Aquilo que a rede de empresas Zebra roga
Pensar apenas depois é legitimar o nunca
Por isso meu contato no WhatsApp é
[Eu VIVO (você)

Na Economia da Atenção, prestá-la em
[alguém é ato de amor
Aliás, procura-se paixão de Schrödinger
Viva e morta
No salão de Valhalla, a última porta
No episódio filler, a cena que importa
No quintal, a daninha mais bela da horta

ninguém sentado

Pode levar esta cadeira, não tem
[ninguém sentado
Pode levar esta cadeira
Pode levar
Esta aqui ao meu lado
Pode
Mesmo sem ter perguntado
Pode esta
Que estou sentado
Pode
Levar
Esta mesa
Pode levar esta
Leva
Pode
O que já foi levado

flerte, cortejo, declaração, pedido

O flerte é o desejo expresso, sem compromisso
O cortejo é a paixão entretida
A declaração é o amor abrindo estrada
O pedido é o amor em rua sem saída

penhorar a infância

quando a criança era criança corria o mundo
ria, e o riso era como corredeira na correria
[fluía pelas águas de ar envolta
quando a criança era criança, ria
depois de crescida criançaria se pudesse
[de novo
assim quando era novo e tropeçaria nas
[próprias cores
a infância ainda tinha o mesmo cheiro na
[sua memória
o único fato é o agora
o resto é história
a criança criança
se pudesse conhecê-la hoje, ainda gostaria?
a criança adulta evitaria isso
a outra, ela nunca me amou você
ida é pouco e um pouco mais
enfim louco, enfim em paz

pária de garopaba

O Pária de Garopaba
Para e vê o céu noturno
Júpiter, que confundia com Vênus,
Perto da constelação de Peixes
Hoje está coruscante ao lado da Crescente

O Pária de Garopaba
Para e canta a céu aberto
O *Gaudeamus igitur* desafinado,
Pois está quase se formando
Na universidade do tempo

O Pária de Garopaba
Para, senta e escreve TCC
A Terapia Cognitivo-Comportamental
Procrastinando o que há de ser
E o que o envolve em aporia

O Pária de Garopaba
Para e vê o mar descer

Maré baixa no oceano da ignorância
Quem sabe amanhã nadar um pouco
Areia fofa, praia vazia

O Pária de Garopaba
Sabe o que vai acontecer
Por feng shui e pela maiêutica
Pelo lado que o musgo cresce
E pelo som de sua sístole

O Pária de Garopaba
Levanta para adormecer
Cheio de conchas nos 12 dedos
À espera de vida nova idêntica
E do seu não futuro limítrofe

pedra branca (ou relógio e gato à meia-noite)

Quando digo que te amo é porque te amo
É porque preciso dizer
Como se a expressão da palavra tornasse
[isso mais real
E não precisa agradecer
Nem se sentir na obrigação de retribuir
Não precisa se desculpar, caso não ame de volta
Tampouco ter medo do meu amor
Não precisa lamentar o ocorrido
E nem apelar para a ironia
Não precisa sentir pena
Muito menos ódio por conta disso
Só precisa deixar fluir
E perceber que meu amor não é filantrópico
[ou mendicante ou exigente
Não é preparador físico, nem orientador
[de mestrado
É apenas um mochileiro

Sem mapa, sem bússola, sem GPS
E sem pressa pra essas preces
Que demandam um mundo de amor imediato,
Pois o amor ser um processo é fato
É fluido e não monolítico
É simples e não algo críptico
É dinâmico e nunca estático
É palavra, som, conjunto de letras ou sinais
É linguagem que se autotraduz
E nos induz à cilada de tentarmos entendê-lo
Ou tentarmos explicá-lo pensando que
[o entendemos

O amor é simples
Por outro e todos os lados,
Mas vive nos convidando para a banca
[avaliadora
De suas teses de doutorado

eu não sei usar aspas (ou calçada da lama)

Até parece que tenho medo de escrever
Ou coisa do tipo
Porque, afinal, nem ligo
Se o cabo está ali no outro lado
Ou se a batata está comigo

Até parece que não sei "usar" "aspas"
De repente
Me vejo com "caspas"
Na cabeça
E com um não
"Na" cara

Quem me dera ser Sansão
Ele sim deveria ter "muitas"
Caspas

Recuperei o que deixei pra trás
Passei de ano

Mudei os planos
Por que sempre tenho de rimar
Com as mesmas palavras,
Meu irmão?

Até "parece"
Que sempre que acordo
Acordo
Com caspas

Se você quiser fazer um poema
Um soneto ou uma canção
Que soe bonito nos ouvidos alheios
Sempre termine com
"Coração"

Sim

E assim
Todo mundo ficará
Contente
Não se esqueça
De colocar vários versos
E espaços
E estrofes
"E"
Uma

Ou
Poucas
Palavras
Por
Linha

Vá
Dando
Enter
Vá
Dando
“Enter”

De repente
Me vejo sem aspas
Com tinta na cara
Com calos na mão
De repente
Não mais que de repente
Meu irmão
Me vejo burlando a gramática
Quando escrevo
O pronome oblíquo de maneira
Errática
Vejo-me então
De repente
Com aspas
Na cabeça

Sim

Repita

Esqueci
De dizer
Que para parecer
Bonito
A repetição é bem-vinda
Nos causa prazer
Repetição
Meu irmão

Pois
De repente
Não mais que de repente
Me vejo
Com “aspas”
Na mente
E com um prego
No coração

maria irá rir

Um dia, Maria irá rir
ouvirá o som que já foi,
pois no quarto há um girassol
luz rara que imita amor

O canto que vem do avesso,
esse verso que é revés,
é uma frase que não hesita
se lê da mesma vez

E se a palavra só soa
e se a rima é a mesma ao avesso
Maria segue a canção
o palíndromo que é seu endereço

Aí, ela canta e recanta
com sua voz de puro ardor
o palíndromo que é seu amigo
seu desprezo, seu valor

o riso siro

gosto quando ela ri
do nada
por motivo aparente algum

é como se lembrasse
de uma piada
e logo depois esquecesse

é como se merecesse
um bom humor
por um momento
sem motivo aparente algum

ou como se não existisse
por um momento
todo o sofrimento do mundo

ou como se fosse possível
por um instante
aproveitar o que realmente importa

ou como se simplesmente
não valesse a pena
perder o riso
que nos bate à porta

sísifo feliz

Você, batuíra,
Tem sua própria composicionalidade
Para me dizer "vish"
Um apetite microquiróptero
Saprófago
Te faz dono de revoluções miúdas
Mesmo com capex não calculado
Daí desabo
Mudando de assunto: fico gringo
Quando falam nesta língua estranha
Dos afetos que sou incapaz de decodificar
A vida inteira este galope aflito
Queria chorar, mas não dá tempo
É preciso imaginar Sísifo feliz
Distante do inceldom e da manosfera
Nunca afiliado ao MGTOW
Para isso: ora-pro-nóbis
Abdominal russo, acerola, um sucão
Cafeína e muita fé
(apesar de estar caríssima no mercado)
Gosto amargo, corpo em pé

checklist

E na lista de tarefas só sobrava isso:

- fotografar um suspiro
- revisitar aquela antiga nuvem
- fazer o mapa da jornada calma
- declamar o amor como um hino
- mergulhar para o último desconhecido
  [(sem precisar de escafandro ou submarino)

sarampo

tomei vacina contra o sarampo,
mas não contra você
essa vontade contagiosa
esse desejo virulento,
pois não pensar em você é mó trampo
não pensar em te ter tão bem perto
aqui dentro do peito
longe da minha carteirinha de vacinação
o trabalho da cura eu respeito,
mas prefiro você no meu corpo
meu sangue
e em cada batida do coração

gostagosto

eu gosto de você gosta de mim
eu gosto de você gostar de mim
você gosta de eu gostar de você
a gente se gosta assim

eu gosto de você gostar de você
você gosta de eu gostar de mim
a gente gosta da gente gostar da gente
a gente se gosta assim

algo antigo

con
fi
ança cor
agem
cola
bor a ção
cor
ação
com a
bon
ança
rola
can
ção

f5

Era pra ser festa
Virou reunião de condomínio
Chato
Ficar revirando o extrato
Esperando o saldo virar
Cansa
Melhor voltar a roer a unha do dedão
Acumular copo sujo na pia
Pedir pizza no domingo já pensando
[na segunda
Sem fome
Eu te dei meu melhor livro
Comprado na promoção
A chave-reserva do meu coração
E aquele carregador que nunca mais vi
Por acaso
Eu fiquei com teu celular velho sem memória
Uma conta pra dividir
E essa mania de olhar pro teto

Déjà-vu
E agora?
Como que desamassa essa história?

o amor real mata o real amor

O amor real mata o real amor. Ah
Um real. Dois. Matam um amor?
Mais
Três reais. 3 reais?
Tais: mãe, pai, filho
O trilho é quem traz o trem
A feiura é quem faz a beleza
A plebe é quem faz a realeza
Mil. Mil reais. Quem tem?
Mil reais mata um real amor?
Talvez
Quiçá menos, quem sabe mais
Seis, dez mil cédulas
Fazem o rosto de uma gente incrédula
acreditar no bem que o mal faz?
Matar a mentira, tudo bem
Ilusão aqui jaz
Mortos valete, dama, rei
Pelo solo ímpar às

Sem dó, sem dor
Por um com muito zero atrás
Nenhum a mais mata o real, amor
Nenhum amor mata a mais

a fera e o belo

ela tocava guitarra,
andava de skate
e sabia surfar
ele nem certo sabia
os tênis direito e esquerdo
amarrar
se na selva escura perdida ficasse
ela sim
saberia escapar
e nem o fogão 4 bocas
com palitos de fósforo
ele sabia ligar
ela trampava e estudava
de dia
e, à noite,
saía
pro bar
e ele escrevia
pra ela
e torcia

pra ela
um dia
olhar,
porém ela lia e entendia
o que ele dizia
com certo pesar
e pensava ele que ela
desconhecia a palavra
que rima com “mar”,
mas ela sabia que havia
a ele talvez
uma coisa
a ensinar
que a vida não é só poesia
e nem sempre podia
ou devia
rimar

imola

Preciso conhecer pessoas que não me conhecem
para que haja um recomeço onde:

- erros são corrigidos
- segredos são omitidos
- habilidades são exibidas

conhecer novos futuros nunca ex-amigos
onde o ponto em que de longe me abraçam
[é o lugar em que me abrigo
preciso encontrar eu em outros
preciso encontrar eu em alguém
em você não deu
e não vou pedir imola
são muitos dias perdidos em vãos de janelas,
[observando o que deu de errado

é pena
a estrada é perigosa
e a gente seguiu reto na curva
como Ayrton Senna

tudo o que ainda não escubidei

O futuro só depende de nós,
mas nós dependemos de muita gente
O passado só depende da gente,
mas a gente depende de muitos nós: nó oito,
[nó alceado, nó aselha
nada sei
não sei de nada: só sei que
o mundo está cheio de mistérios
que ainda não escubidei

promessa é dúvida

E que cada verso dito valha
Mais que um rito cru disperso
Ou uma falha não pensada
Ou uma farsa, um conto, um mito

E que haja amor depois do riso
Ou pra sempre, ou durante
No sorriso nu do instante
No calor do regozijo

Pois aqui o vento é sopro
Quase o dobro numa ética
Onde a vida vale o invento

Vinde o azul vinil da estética
Brinde ao lento barco novo
Ante o mar visão de ótica

pés e mãos

O que a gente precisa
É tirar o pé da bota
É botar o pé na tábua
É botar o pé na estrada

O que a gente precisa
É tirar as mãos do bolso
É jogar as mãos pro alto
E tirar os pés do chão

O que a gente precisa
É tirar o pé da jaca
É botar o pé na areia
E a mão no coração

O que a gente precisa
É andar com pés descalços
Separar o real do falso
E não trocar os pés
pelas mãos

(eu quero andar no teu caminho
teu caminho
não quero ficar assim sozinho
assim sozinho)

O que a gente precisa
É sentir a mão do outro
É deixar os pés mais soltos
E desatar as mãos

O que a gente precisa
É botar a mão na massa
É pegar nas mãos a mala
E partir para o refrão

O que a gente precisa
É botar a mão na roda
É viver o mundo lá fora
Mas botar os pés no chão

O que a gente precisa
É botar os pés nos trilhos
E a mão na consciência
E não trocar os pés
pelas mãos

tudo again

Te amo duas vezes ao dia
Às 3h da manhã e ao meio-dia
Você me ama? Não sei. Talvez só todas
[as quintas
Solo quiero saber o que fazer para o nosso
[prato de amanhã à tarde
Se faltar arroz, não façamos alarde
Basta saber adicionar um tempero

Te quiero más que durante un buen día
Quando não posso ou deveria
Você se importa? Talvez. Não sei o que quer
[que há que sintas
Eu só quero saber o que fazer para o nosso
[pranto de amanhã à tarde
Se faltar amor, não façamos alarde
Basta saber que não foi verdadeiro

dívida

tudo o que tenho devo a alguém
tudo o que da minha mente sai
tudo o que sei, tudo o que sou
devo
a alguém, a alguns
em tudo que ajo
tudo o que faço, tudo o que posso
e também tudo o que não fui
tudo o que não sei, tudo o que não sou
deverei
a alguém, a alguns
tudo o que serei ou não
pagarei
a alguém, a alguns
tudo o que serei ou não

ruptura

A luz aqui não faz sombra
há um zumbido baixo
uniforme, como uma planilha bem formatada
nivelando a alma e o carpete cinza
por onde ando
com o relatório debaixo do braço

Corredores que se repetem, espelho
na promessa de um atalho
nos devolvem ao mesmo ponto de partida
(a ida é o voltar reverso)
otimização de fluxo, eles chamam
talvez só do nosso estoque de futuro
(um grande buraco)

Tem um vazio leitoso de catedral aqui dentro
empurrando a gente pro canto do quadro
espremido entre este alvo conjunto de paredes
sem a vida lá fora me ver trabalhar
assim emoldurado

Às vezes, juro que ouço um balido agudo
vindo do andar de baixo
cabritinhos
ou talvez o servidor reiniciando
em seu suspiro regular metálico

Ou seja, então, o que faz a falta
de sentir alguma coisa rasgando de verdade
não só uma curiosidade intelectual
[sendo satisfeita
desse quebra-cabeça impossível a ser montado

(embora a questão dos cabritos
reconheço, me exalta...
Resolvida. Próximo item da pauta.)

macchiato

No bem-estar arquitetado, o cenário
[é zoológico
E o tempo corre líquido e forma laguinho
Onde o doguinho saltitante corre e se
[banha feliz
Onde a grama sintética não absorve o
[que chovendinhou
Onde a criança, em má-sorte, é jateada
[pelo chafariz
Mesmo com o choro infantil não
[causando enchente,
Pois não estamos no País das Maravilhas
Embora ainda seja uma ilha
Com seus habitantes confusos de
[corações desabitados

Talvez eu me sinta mais eu ao seu lado
No interior de Goiás ou num
[espaço gentrificado
Talvez eu me sinta mais eu, à vontade

Com você, no morno silêncio da intimidade
Com o abraço profundo causando
[leve taquicardia
Afastando qualquer ansiedade de existir ou
[medo ou distimia
Em comunhão silente, confortavelmente
[imóveis
Impedidos apenas pelas buzinas
[dos automóveis

E me faço pensar, então, como seria
Depois de vinda a tal Grande Incerteza
Nascer um dia, assim, na Primavera
Como Libra ou Escorpião ou Sagitário
Para poder ver no mundo algo de beleza
Apesar desse fictício zoológico cenário

eu disse algo

Eu disse algo
E você entendeu tudo errado
Decidiu pelo luto
Para não precisar lutar
Abdicou da dissipação de energia
Que embute informação gödeliana na massa
[do teu organismo
Em prol de paz, o tanto que fosse
Priorizando usar tecnologias do esquecimento
Contra qualquer forma de imediatismo
Teu cansaço central
Tua sutileza ponderada
E tua maturidade exemplar
Formam o teu conselho tutelar
Departamento, mecanismo
Que te tira do abismo
Que te bota na estrada
Que te move a outro lugar
Livre do algo que eu disse
O que quer que fosse

Entendido errado
Ou incerto dito
Você disse algo
E eu entendi tudo errado
Também
Ficamos distante o preciso
Com espaço o bastante
Para algo de nós
Longe
Não precisar findar

soneto da dianética do ser

Nada contra seres humanos
Inclusive tenho amigos que são
Alguns no vestibular para ser
Outros já na graduação

Ontem mesmo conversei com um
Que me contou com pesarosa emoção
As delícias e os desafios de ser
Apesar da convicção

De inexistir desejo outro
De algo ser, além do que humano
O que me deixou intrigado e atento

Pelo rosto vago em sutil momento
De seu suspiro breve fatigado
E seu sorriso lacrimoso

angeloni

Encontrei sua amiga ontem
lá no Angeloni
Perguntou, sorriso largo
se eu "já tinha me adaptado bem"
A-dap-ta-do

Dei aquele sorriso neutro
o automático
o que não promete nada
Pensei em ti, do outro lado da gôndola
[de importados
invisível agora

Talvez sem o teu guarda-sol branco do lado
o sol daqui queima diferente na pele
ou talvez seja só o ar-condicionado do mercado
que deixa a gente meio esquisito, arrepiado
[à toa

Deu vontade de comprar palmito em conserva
nem gosto tanto assim,
mas parecia a coisa certa a fazer
naquele corredor

fagulha

Pode ser
Que eu queira ver
Onde é que va-
-mos chegar

Basta aparecer
Entre mim e você
Uma breve fa-
-gulha

Para acender
Uma chama e ter-
-mos o fo-
-go no ar

Mas, de novo, o medo
Não deixa
Mas, com o tempo
Tudo vai passar

Pode ser
Que eu queira ter
Você sempre aqui
Pra somar

Basta aparecer
Entre mim e você
Um momento bom
Pra durar

Em que eu possa ver
De verdade a ver-
-de esperança
No ar

Mas, de novo, o medo
Atormenta
Mas, com o tempo,
Tudo vai mudar

Pode ser
Que eu queira ver
Você
Me chamar

minime

agredir é rebaixar
a razão para
a 2ª divisão
do campeonato
do pensamento

agredir é elevar
a tensão
alternada de berros
além
dos 220 volts
rms de um nível
elétrico que arremesse
a empatia para fora
e descarte
-a
do gráfico de descartes
nem que tente ou rene
para mantê-la potente
além
de agora

agredir é desistir
da solução em que
ambos os lados vencem
abdicar do predicado
para beneficiar o sujeito
e afiliados que veem
o pacífico obsoleto
o malfeito enganado

reduzir-se para um minime
no mimimi
dizer o último
ou fazê-lo vivo
operar para que haja
o contínuo ciclo
do oprimido a tornar-se
opressor do próximo visto inimigo
criado pelo ego antigo
que aterra a possibilidade
de comunicação e joga
a harmonia pro escanteio

pepsi

Amor é a pior coisa que existe
depois de coca
Engraçado como, em segundos, pode se
[transformar em ódio
Ódio doido
Ódio doído
E o diabinho em seu ouvido sussurra "Vai!"
O anjo, em outro lado, puxa a orelha para
[que não
E depois de ir (e da volta)
o anjo irônico pergunta: "E aí? Vai 'cryar'?"
E você "crya"
E cria um recanto de ilusão perdida à
procura de vaga para um coração
[despedaçado
E, então, enfim com lucidez, revisita
[o passado
E crinja demais

O desolado, desesperançoso solitário insiste
Masoquista em busca de mais
Envia mensagem de flerte em riste
Esvazia o copo de Coca-Cola sem gás

satélite

instalou-se um divórcio da cognição
neste silêncio vasto e decorativo
foi pela memória do joelho ralado no
[paralelepípedo
pela interpretação que saiu a fórceps
para desmontar a cena
tendo sempre a racionalizar demais
como quem cataloga um inseto raro
daí que resta recolher os fragmentos
a poeira estelar de apartamento alugado
diante do teu grande Eu cosmos
me sinto umbilicalmente terráqueo
destinado a tal distância sideral
e a esta força da gravidade implacável

anamnese

Você sabe que dói
Só não sabe onde ou por que dói
Talvez descubra mais tarde, quando começar
[a doer mais
Mas, talvez, já seja tarde demais
E a dor, que era local, se estenda
E se espalhe, e penetre, e se infiltre
Até se tornar uniforme, global
E o significado de dor perca o sentido
Por ser, agora, completamente normal
Como dar o troco errado ou esquecer a
[gentileza na gaveta
Como deixar o guarda-chuva em casa ou
[pisar numa poça funda
Como trancar cadeados sem ter as suas chaves
Como exumar a saudade depois de tê-la matado
E, nas lições de amorlogia, cair no sono
E reprovar, que pena, por um ponto
Mesmo tendo colado de quem mais sabia
Que a dor é passageira e a esperança
[é motorista

E o amor, dando trocos errados, cobrador
[que avisa
Que, adiante, há um sonho na pista, que saiu
[de casa e se perdeu
Num coliseu de dúvidas e memórias
[quebradiças
Mas, na verdade, isso é até muito normal
Como encontrar chaves numa gaveta suja
Como, enquanto se cava a terra, ver que
[poças se formam na chuva
Como descobrir que o coração dói, além de
[toda a dor habitual

copo hello kitty

ainda tem seu copo aqui
não aquele de Moscow Mule
o outro, da Hello Kitty,
meio lascado na borda
que você trouxe de uma viagem qualquer

agora ele junta poeira e dúvida
na prateleira mais alta
testemunha ocular da história
que desbotou sem alarde
como camisa velha de banda
esquecida no fundo da gaveta

ninguém notou direito a hora exata
a gente só percebe depois
no gosto da água
que ficou diferente
ou talvez seja só a sede mesmo
estranha
e esse copo infantil esperando

alguém
e um brinde
que não vem

prato cheio

eu não sei
quais são os teus códigos, as tuas condições
não sei teus receios, as tuas intenções
eu não sei quais são os meios
que te levam a tal lugar
longe, longe da possibilidade
de se comunicar

eu não sei
quais estruturas, quais cômodos, recintos
que constroem tua casa
teu jardim, teu labirinto
eu não sei quais são os freios
que te deixam onde está
longe, longe de qualquer
possível espaço de tentar

eu não sei
tantos detalhes
de todas as tuas tatuagens

que expressam no teu corpo
tua história-paisagem
eu não sei quais os temperos
poderiam completar
este prato cheio que talvez
nunca mais vamos provar

dia 2 de agosto

a falta é o que falta
de forma que sintamos
o significado do vácuo

aberta, tua fala
quantos decibéis tem o teu grito?
voltemos à sala

nada que caia no esquecimento
e possa ser coberto de lama ingrata
pausa para contemplar o momento
do fundo escuro vazio da vala

minto
neste pós-poema tremendo antissoneto mito
ontem teve o primeiro de muitos
dias de agosto, digo

confirmar que sim

Treinar o esgar no espelho do banheiro
Exercitar a paciência didática de ser
Receber elogio pela "incrível resiliência"
Achar "surpreendente" vindo de mim
Agradecer com o melhor sorriso corporativo
Confirmar que sim, confirmar que sim

Perguntar o preço do salgado
Sorrir de novo enquanto dizem "pena
[que choveu"
Invadir a sala de reunião vazia
Pensar no almoço de amanhã, no fogão ligado
Passar a catraca do busão lotado
Responder que pode se sentar no meu lado
Confirmar que sim, confirmar que sim

Esperar a fome passar aos poucos
Ignorar o celular vibrando na mochila
Preparar o corpo pro dia seguinte
Dormir com a furadeira na obra vizinha

Torcer pelo fim do sonho repetido
Confirmar que sim, confirmar que sim

Ligar a luz queimada da cozinha
Sentir a fisgada antiga nas costas
Sentir pena do pombo sem asa
Anotar que falta pó de café em casa
Ouvir de novo a piada com meu nome
Desviar o papo pro jogo de ontem
Calcular os minutos pra sair daqui
Confirmar que sim, confirmar que sim

neste cep específico

Talvez "diferente" signifique só
que a gente aprende a fingir melhor
Ou talvez seja incerteza mesmo
acumulada
apenas
E a ausência de hoje foi aquilo
de somente menos um par de olhos claros
não querendo ver

revirei roma ao contrário

Revirei Roma ao contrário
Para encontrar amor
Não encontrei você
Nem o que quer que mereça
Ser descoberto
Debaixo do Coliseu
Do Vaticano
Ou do Fórum Romano
O que quer que aconteça
Essa coisa gladiadora de 4 letras
É mais do que pão e circo
Mais do que isto
É uma loba que atrai turistas
Que têm boca e vem
Que têm boca e vaiam
Só vim
Nada mais
Não vi, não venci
Essa coisa gladiadora

É antiga e espessa
E aluga um império inteiro
Dentro da minha cabeça

dez vezes de solidão

A minha dor saiu para passear
Não dessa vez ficou pra não mais voltar
A minha dor então fez as compras do mês
E parcelou em dez vezes de solidão

Ela escondeu as chaves do meu portão
E eu a ajudei ainda a lavar os pratos
Ontem choveu e eu saí com nada nas mãos
E me molhei de choro e de ingratidão

A minha dor saiu para passear
Não dessa vez ficou pra não mais voltar
A minha dor então fez as compras do mês
E parcelou em dez vezes de solidão

Ela vendeu meu fusca sujo e multado
E eu paguei o preço de um infarto
Ontem nasceu minha jabuticabeira
Que tem a sorte de não ter um coração

A minha dor saiu para passear
Não dessa vez ficou pra não mais voltar
A minha dor então fez as compras do mês
E parcelou em dez vezes de solidão

cidade inteligente

Senha do Wi-Fi, oito caracteres
e a garrafa térmica, e o adesivo amassado
glutamina, promessa de imunidade
e o poeta narrando a univoracidade.
Boleto chegando por e-mail no domingo
presente contínuo que se repete no gerúndio
e a tristeza do estagiário vendo o meme
e o influencer ensinando a podar bonsai com
[cartão de crédito.

Freud explicando o feed do Instagram
mamãe correndo com o balangandã
conselhos dados na fila do pão
o síndico apitando jogo de botão
joinha com a mão às seis da tarde.

Marmita requentada, tiktoker no elevador
[não para
Desvio, obra, trânsito parado
Foucault na praia do Campeche

Pix recebido menor que o esperado
Escolher depois, perder a hora
Camiseta *Save the Planet*, gosto de fumaça
[na varanda

Vontade ou frustração acumulada?
Indie Sleaze, gráfico de pizza da
[procrastinação
Às 11 e vinte pode-se buscar mais café
aipim frito, emoji de coração

Relatório, Arial 11
em agosto: um vento
depois setembro: a black friday
o impacto do tarifaço, o golpe de carabina
pedir delivery, um luxo
reclamar é rotina
Há quem se importe
basta culpar o algoritmo pela falta de sorte

sem título

Não dá tempo
Não dá tempo de explicar tudo o que penso
Por isso, invento palavras
Por isso, tento
Criar tempo mesmo que o meu já se tenha
esgotado
Mesmo que palavras não deem conta
No momento
De explicar o que penso que penso
E eu tenha de ficar
Calado

ar-condicionado inverter 9000 btus

No começo era sussurro
Que se desdobrou em ranço
Tá osso
Ficar no silêncio fundo, fundo
Que me canso
Preciso
Parar de me empoleirar na cabana dos gritos
Estacionar sempre o carro em cima do meio-fio
Dormir com ar ligado pra acordar espirrando
E frio

Eu te deixei uma cama
Um poema de aniversário
Nosso caramelo e uma lasanha no congelador
Você me deixou muitos vazios

E o que eu faço com isso?

FONTE Chaparral Pro, Rooney
PAPEL Pólen Natural 80 g/m²
IMPRESSÃO Paym

FSC
www.fsc.org
MISTO
Papel produzido
a partir de
fontes responsáveis
FSC® C133282